NOTICE

SUR

M. L'ABBÉ G.-C. MERLET

PRÊTRE HABITUÉ A COURTENAY

ORLÉANS
IMPRIMERIE DE GEORGES JACOB
CLOITRE SAINT-ÉTIENNE, 4

1876

NOTICE

SUR

M. L'ABBÉ G.-C. MERLET

Le 22 janvier 1876, les fidèles de la paroisse de Courtenay et MM. les curés des paroisses environnantes, invités par la famille, assistaient au service funèbre de M. l'abbé Germain-Casimir MERLET, prêtre habitué à Courtenay.

Né à Charmont, canton d'Outarville (Loiret), le 30 juin 1801, d'une famille foncièrement chrétienne, Germain-Casimir fit ses premières études chez M. l'abbé Faucheux, alors curé de Souday (Loir-et-Cher). Son frère ainé, M. Merlet, actuellement chanoine titulaire de l'église cathédrale d'Orléans, et son cousin, M. l'abbé Caget, décédé le dimanche 30 janvier 1876, aumônier de la Visitation d'Orléans, dirigèrent et achevèrent son éducation au petit Séminaire d'Orléans.

Entré au grand Séminaire sous la direction de M. l'abbé Mérault, et après deux années d'études théologiques, Casimir ayant reçu la tonsure et les ordres mineurs, voulut éprouver plus fortement sa vocation. Pour s'assurer, en dehors de ses liens de famille, s'il tenait directement de Dieu seul son appel au sacerdoce, il quittait le grand Séminaire, disant à son frère et à M. l'abbé Mérault, inquiets d'une démarche qui leur paraissait téméraire : « Je ne rentrerai pas avant d'avoir trouvé une place. » La divine Providence guida bien ses pas : il trouva à Paris une position assez avantageuse, que tout autre, poussé par des sentiments bien différents des siens, eût conservée pour une carrière plus lucrative en ce monde. Assuré par là même de la volonté de Celui qui l'appelait à de plus grandes choses, il quitte la capitale, rentre au grand Séminaire d'Orléans, où il achève de se former aux grandes et austères vertus du sacerdoce.

Ordonné sous-diacre le 23 décembre 1826, diacre le 9 juin 1827 et prêtre le 17 octobre de la même année, Mgr de Beauregard le nomma vicaire d'Olivet. Sept mois après, le 13 mai 1828, il était installé à la cure de Darvoy, près de ses deux frères : François-Philippe-Désiré Merlet, curé de Férolles, et Napoléon-Étienne-Théodore Merlet, instituteur à Sandillon. Trois ans plus tard, le 19 mars 1831, il était nommé à la cure de Guigneville, canton de Pithiviers, où il ne fit que passer. A peine installé au milieu du rude climat de la Beauce, son humilité lui fit solliciter de l'autorité diocésaine la cure de Paucourt. La Providence avait ses desseins sur lui.

A cette époque de perturbation religieuse et sociale (1831), Châtel, ancien aumônier de régiment et prêtre constitutionnel, sous prétexte de former une nouvelle église, mêlait le ridicule, la politique, le blasphéme au dogme catholique, déclamait contre ce qu'il y avait de plus saint dans la religion, qu'il parodiait d'une manière sacrilége. L'imposteur avait déjà deux de ses disciples dans le diocèse d'Orléans. L'un s'était implanté à la Selle-en-Hermois, l'autre à la Chapelle-Saint-Sépulcre. Un troisième voulait s'emparer de Louzouer, également sans titulaire. Le bon pasteur veille sur ses brebis et sur celles d'alentour; il saura les préserver du mercenaire. Le nouveau curé de Paucourt n'hésite pas à demander à son évêque la permission de desservir Louzouer. Mgr de Beauregard bénit le courage du jeune prêtre et lui accorde les pouvoirs nécessaires. M. l'abbé Merlet va immédiatement prendre possession de l'église de Louzouer, s'empare des clefs, empêche l'intrus d'y pénétrer, et pendant deux ans, tout en exerçant son ministère à Paucourt, il ne néglige pas sa paroisse d'adoption, malgré les deux lieues d'épaisse forêt qui l'en séparent. Les disciples de Châtel tombèrent insensiblement dans le discrédit, dans cette partie du Gâtinais où ils avaient vainement essayé de s'établir. Le maire de la Selle-en-Hermois, lassé bientôt à son tour de son schismatique prétendu réformateur, finit par le congédier. On sait que

Châtel, leur chef, poursuivi plus tard par la police et justement condamné, vécut dans la misère jusqu'à sa mort.

Pour récompenser le mérite de M. le curé de Paucourt, Mgr de Beauregard le désigna, le 1er juin 1838, à la paroisse plus importante de Gidy, où il bâtit un presbytère qui est entièrement son œuvre.

D'un caractère énergique, M. Merlet ne reculait devant aucune difficulté. Il allait au devant des obstacles pour les vaincre, les faire tourner à la gloire de Dieu, à l'avantage de la sainte Église et à l'utilité du prochain. Les onze années qu'il passa à Chuelles, du 30 novembre 1837 au 17 novembre 1848, ne furent qu'une lutte continuelle du bien contre le mal. Arrivé dans cette paroisse qui le rapprochait de son frère aîné, curé doyen de Courtenay, et de son plus jeune frère, agent voyer du même canton, il eut à gémir sur le triste état de son église et parvint, à force de persévérance, à se procurer les ressources nécessaires pour refaire la voûte de l'église qui tombait en ruine et à restaurer convenablement le maître-autel. Ne se contentant pour lui-même que d'une véritable masure, il dut songer, pour l'avenir de ses successeurs, à la construction d'un presbytère. La difficulté d'exécution paraissait insurmontable: le maire de Chuelles s'y opposait de la manière la plus formelle. Le zèle évangélique du saint prêtre n'allait pas à l'allure guerrière de M. le maire, qui osa même un jour le provoquer en duel. « Tant que ce curé-là restera ici, disait le maire, on ne bâtira pas le presbytère. » Sans se déconcerter, l'infatigable pasteur répondait : « Tant que le presbytère ne sera pas bâti, le curé ne partira pas. » Le presbytère fut bâti, Dieu sait au milieu de quels tracas, d'épreuves et de sacrifices, et M. le curé, loin de songer à jouir du légitime succès de son triomphe, demanda son changement, sollicitant une petite paroisse, « pour se reposer, disait-il, d'avoir assez bataillé. »

Nous le retrouvons, à la fin de l'année 1848, à Villemoutiers, et cinq années après à Dordives, où il resta neuf ans, s'adonnant, comme dans ses précédentes paroisses, à toutes les occupations du saint ministère que les œuvres extérieures ne lui firent jamais négliger. Le soin qu'il prit toute sa vie des malades, des pauvres, des enfants, lui attira toujours l'estime de ses paroissiens. Préparant soigneusement les instructions qu'il adressait aux fidèles dans la chaire de vérité, il s'attachait surtout à réfuter les objections les plus populaires, employait ses instants libres à réparer et à refaire de ses mains le mobilier de l'église et de la sacristie. Aimant peu à parler de lui-même, son humilité lui faisait un devoir de dérober aux yeux de ses confrères le bien solide et durable qu'il faisait au milieu de ceux qui étaient confiés à sa sollicitude pastorale.

Cependant, des infirmités graves contractées par les sérieuses maladies qui l'atteignirent à Villemoutiers et à Dordives l'obligèrent à la retraite. Retiré à Courtenay près de son frère, curé doyen de cette paroisse depuis plus de trente ans, sa vie édifiante fut un sujet d'édification pour les fidèles. Il consacrait ses loisirs à évangéliser les petits enfants, priant son frère de lui confier ceux dont l'intelligence était la plus bornée. Il en tirait un admirable parti, et ces enfants, qui passaient vulgairement pour des bûches, étonnaient ensuite les autres par leurs réponses claires et précises aux examens qui précèdent chaque année la première communion.

Ses journées, entièrement consacrées aux exercices de piété qui font la vie du bon prêtre, ne lui semblaient pas, avec ses souffrances, assez méritoires devant Dieu. Il demanda à rentrer dans l'exercice du saint ministère, sollicita et obtint, le 1er octobre 1865, la petite cure vacante de Saint-Firmin-des-Bois, au doyenné de Châteaurenard. Il avait trop présumé de ses forces; les infirmités se faisaient plus vivement sentir; il dut songer de nouveau à la retraite et revint à Courtenay, se consolant de se retrouver près de son vénérable frère. Il ne s'occupa plus dès lors qu'à terminer sa vie par une sainte mort. Il s'y prépara au milieu de nouvelles épreuves.

Une cécité presque complète obligea son frère

aîné, curé doyen de Courtenay, à accepter, non sans de sincères et légitimes regrets, le poste d'honneur que Mgr Dupanloup lui offrait, dans sa bienveillance, au canonicat titulaire de l'église cathédrale d'Orléans. Si la séparation fut pénible pour le pasteur et les paroissiens, elle ne le fut pas moins pour les deux frères. Le courage et la résignation seuls en tempérèrent devant Dieu l'amertume. Quelque temps après, M. l'abbé Merlet perdait son autre frère, non moins estimable, M. Merlet, agent voyer de l'arrondissement de Montargis, dont la santé s'était épuisée pendant les quarante-quatre années de travaux consciencieusement remplies au service de son administration; sa vie avait été aussi chrétienne que sa mort fut édifiante.

Depuis cette époque, M. l'abbé Merlet ne connut plus que la souffrance. Ses jambes, paralysées par la douleur, se refusant de le porter, il avait loué près de l'église de Courtenay une petite demeure d'où il espérait pouvoir aller plus facilement offrir le saint sacrifice de la messe pour sa famille et ceux de ses confrères dont il apprenait la mort.

Cette consolation ne fut pas de longue durée; la maladie faisait de rapides progrès. Ne pouvant plus sortir de sa chambre, M. Foucault, curé doyen de Courtenay, MM. les abbés Barruel, Genty et Berton, qui se succédèrent au vicariat de cette paroisse, lui portaient la sainte communion et lui faisaient de fréquentes et consolantes visites.

Il passait sa journée en actions de grâces de la communion reçue le matin et en préparation de celle du lendemain. Sincèrement dévoué à la très-sainte Vierge, il récitait son chapelet plusieurs fois le jour; ses yeux se refusaient complètement à la récitation de son bréviaire, et il trouvait dans les prières de la couronne des enfants de Marie une compensation qui lui avait été gracieusement accordée par le Souverain-Pontife. Il lisait cependant encore chaque jour, bien que très-difficilement, quelques lignes de la *Vie des Saints* qu'il méditait longuement. Son crucifix était encore pour lui un livre de fréquentes méditations. On l'entendait souvent adresser à Marie le *Memorare* (le *Souvenez-vous*), ajoutant toujours: *Monstra te esse matrem* (Montrez que vous êtes notre mère) (1), ses prières de prédilection.

L'eucharistie, la croix, la très sainte Vierge avaient été les trois grandes et solides dévotions de son patron, saint Casimir; elles firent toujours aussi les délices et la force de toute la vie de ce saint prêtre.

(1) *Monstra Te esse Matrem :*
Sumat per Te preces
Qui, pro nobis natus,
Tulit esse Tuus.

(Montrez que vous êtes notre Mère, et que par vous Jésus reçoive nos prières, puisqu'en naissant pour nous il a bien voulu être votre Fils).

Ce fut dans ces saintes dispositions qu'une nouvelle et terrible attaque de paralysie vint le frapper. Pendant qu'il conserve encore un reste de connaissance, sans s'illusionner ni s'effrayer sur son état, il prie M. le curé de Courtenay de ne pas tarder à lui administrer les derniers sacrements. Le lundi 17 janvier 1876, il recevait le saint viatique et l'extrême-onction dans les sentiments les plus touchants de foi et de piété sacerdotale. Le mercredi 19, M. le curé le trouvant comme absorbé dans un assoupissement léthargique, lui fit entendre qu'il allait lui renouveler le bienfait de l'absolution. Le saint malade lui répondit distinctement avec le langage de l'Église : « *Ad cautelam* » (oui, par prévoyance), et les yeux fixés sur son crucifix qu'il ne quittait pas, il s'endormait paisiblement dans le Seigneur, le vendredi 21 janvier, à l'âge de soixante-quinze ans, recevant « la couronne de justice réservée à ceux qui ont gardé la foi et combattu les bons combats. »

Ces dernières paroles, tirées des divines Écritures, résument admirablement le mérite de toute la vie de ce saint prêtre. L'estime et la reconnaissance les ont gravées sur sa tombe :

Bonum certamen certavi, cursum consummavi, fidem servavi. In reliquo reposita est mihi corona justitiæ, quam reddet mihi Dominus in illá die justus judex: non solum autem mihi, sed et iis qui diligunt adventum ejus. (II Tim., IV, 7, 8.)

« J'ai combattu les bons combats, j'ai achevé ma course, j'ai gardé la foi. Il ne me reste plus qu'à attendre la couronne de justice et de gloire que le Seigneur, comme un juste juge, me rendra au jour de ses jugements, non seulement à moi, mais à tous ceux qui aiment son avènement et s'y préparent par toutes sortes de bonnes œuvres. »

A Saint-Péravy-ès-Preux, en la fête de saint Casimir, le 4 mars 1876.

www.ingramcontent.com/pod-product-compliance
Lightning Source LLC
Chambersburg PA
CBHW070436080426
42450CB00031B/2675